BEI GRIN MACHT SICH IHR WISSEN BEZAHLT

AF149947

- Wir veröffentlichen Ihre Hausarbeit, Bachelor- und Masterarbeit

- Ihr eigenes eBook und Buch - weltweit in allen wichtigen Shops

- Verdienen Sie an jedem Verkauf

Jetzt bei www.GRIN.com hochladen und kostenlos publizieren

Merle Willhöft

Beratungskonzepte: personenzentriert - klientenzen-triert - lösungsorientiert beraten

GRIN Verlag

Bibliografische Information der Deutschen Nationalbibliothek:

Die Deutsche Bibliothek verzeichnet diese Publikation in der Deutschen National-
bibliografie; detaillierte bibliografische Daten sind im Internet über http://dnb.d-
nb.de/ abrufbar.

Dieses Werk sowie alle darin enthaltenen einzelnen Beiträge und Abbildungen
sind urheberrechtlich geschützt. Jede Verwertung, die nicht ausdrücklich vom
Urheberrechtsschutz zugelassen ist, bedarf der vorherigen Zustimmung des Verla-
ges. Das gilt insbesondere für Vervielfältigungen, Bearbeitungen, Übersetzungen,
Mikroverfilmungen, Auswertungen durch Datenbanken und für die Einspeicherung
und Verarbeitung in elektronische Systeme. Alle Rechte, auch die des auszugsweisen
Nachdrucks, der fotomechanischen Wiedergabe (einschließlich Mikrokopie) sowie
der Auswertung durch Datenbanken oder ähnliche Einrichtungen, vorbehalten.

Impressum:

Copyright © 2012 GRIN Verlag GmbH
Druck und Bindung: Books on Demand GmbH, Norderstedt Germany
ISBN: 978-3-656-32826-1

Dieses Buch bei GRIN:

http://www.grin.com/de/e-book/205752/beratungskonzepte-personenzentriert-
klientenzentriert-loesungsorientiert

GRIN - Your knowledge has value

Der GRIN Verlag publiziert seit 1998 wissenschaftliche Arbeiten von Studenten, Hochschullehrern und anderen Akademikern als eBook und gedrucktes Buch. Die Verlagswebsite www.grin.com ist die ideale Plattform zur Veröffentlichung von Hausarbeiten, Abschlussarbeiten, wissenschaftlichen Aufsätzen, Dissertationen und Fachbüchern.

Besuchen Sie uns im Internet:

http://www.grin.com/

http://www.facebook.com/grincom

http://www.twitter.com/grin_com

Referatsausarbeitung zum Thema: Beratungskonzepte

Inhaltsverzeichnis

1. Einleitung

Als Referat wurde das Thema „Beratungskonzepte" gewählt, dies gilt es nun genauer zu beleuchten. *Doch was genau ist Beratung eigentlich?* Es besteht vermehrt die Auffassung, dass Beratung zunächst eine Art informieren des/der Ratsuchenden darstellt, welches durch gezielte Gesprächstechniken „recht leicht, lehr- und lernbar ist."[1] Andere fassen Beratung wiederum als Therapie auf, die sich an den klinisch-psychischen Referenzkonzepten orientiert, welche durch eine Ausbildung dem Ratsuchenden zu helfen sucht.[2] Der Bedeutungsinhalt von „Beratung" bleibt durch diese vielen verschiedenen Bedeutungs-inhalte und Schwerpunkte daher eher problematisch und benötigt daher eine speziellere Auseinandersetzung mit den einzelnen Beratungskonzepten.

Kurzer Exkurs dazu: Carl Rogers, US-amerikanischer Psychologe und Psychotherapeut, Entwickler der klientenzentrierten Gesprächstherapie macht in seinen Büchern keine klare Differenzierung von Beratung und Therapie. Heutzutage werden diese beiden Begrifflichkeiten allerdings klar voneinander getrennt. So bezieht sich Psychotherapie auf die Arbeit und Behandlung von seelisch gestörten Menschen, die Beratung hingegen setzt sich mit konkreten Hilfestellungen bei persönlichen Problemen auseinander, die Personen mit sich selbst, ihrer Umwelt und auch ihrer Lebens- und Beziehungswelt haben können.[3]

Aus dem zweiteiligen Handbuch „Das Handbuch der Beratung" wurden zur näheren Beleuchtung des Themas Beratung von zahlreichen Beratungskonzepten zwei ausgewählt und näher beschrieben.

2. Die Personenzentrierte Beratung

Unter der personenzentrierten Beratung versteht man zunächst eine nicht direkte Beratung. Sie beschreibt die Beziehungs- und Wertkonzepte der zu beratenden Personen und geht somit näher auf die Person an sich ein mit ihren humanen Fähigkeiten, Einschränkungen und möglichen Entwicklungschancen. Die personenzentrierte Beratung unterscheidet sich von der klientenzentrierten Beratung, die nur eine Teildisziplin der personenzentrierten Beratung darstellt. Bei der klientenzentrierten liegt die Betonung mehr auf dem Klienten und

---

[1] Engel, Nestmann, Sickendiek, „Beratung"- Ein Selbstverständnis in Bewegung S. 33.
[2] Vgl. Engel, Nestmann, Sickendiek, S. 33.
[3] Vgl. Sander, S. 333.

dem Berater. In diesem Abschnitt wird darauf allerdings nicht weiter eingegangen und wird daher in einem separaten Abschnitt weiter behandelt.[4]

Um einen besseren Überblick zu erhalten werden zunächst die Aufgaben des Beraters und anschließend die einzelnen Phasen der Beratung beschrieben.

2.1 Die Aufgabe des Beraters/ der Beraterin

sprechen ihn/sie in seinem/ihrem Persönlichen an, so soll er/sie sich auf seine/ihre eigene Menschlichkeit verlassen und sich auf die hilfesuchende Person zentrieren. Dabei muss der/die Berater/in konkret die Ziele und Wünsche als auch die Wertvorstellungen der ratsuchenden Person berücksichtigen und wertschätzen. Oberste Priorität und Voraussetzung bei der personenzentrierten Beratung ist, dass der hilfesuchenden Person prinzipiell die Lösung ihrer Probleme zugetraut wird. Kann dies nicht garantiert werden muss ein anderes Beratungskonzept genutzt werden.

Diese Wertschätzung der hilfesuchenden Person setzt wiederum Empathie, Selbstkongruenz (die Übereinstimmung von Fühlen, Denken und Handeln), Echtheit, Wertschätzung und Akzeptanz von Seiten des Beraters/der Beraterin voraus.

2.2 Berater – Klienten – Beziehung

Der/die Berater/in und die ratsuchende Person stehen während dieses Prozesses in einem besonderen sozialem Klima, da hier der/die Berater/in die zu beratende Person nicht als Klient, sondern als eine Art „Freund" zu betrachten hat. Aus diesem Grund wird nicht von Klienten sondern von ratsuchenden Personen gesprochen. Es ist aber darauf hinzuweisen, dass die beratende Person hier selbst ihr weiteres Wachstum bestimmt.

2.3 Ziel der Beratung

Das wesentliche Merkmal bei der personenzentrierten Beratung ist die (Wieder-) Herstellung der Handlungsfähigkeit der ratsuchenden Person. Dies beinhaltet sowohl die Handlungs- und Bewältigungskompetenzen als auch die Handlungskompetenzen mit seiner/ihrer Umwelt. Um dieses zu erreichen müssen zunächst die Ursachen, wie z.B. Stress, Benachteiligung und Überforderung, abgebaut und durch die fehlenden Handlungs- und Lösungskompetenzen ersetzt werden, die teils erst neu hergestellt, oder bestenfalls nur gestärkt werden müssen.

Hier hilft wiederum die Schaffung eines sozialen Klimas durch die besondere Berater – Klienten – Beziehung, wie im vorherigen Abschnitt beschrieben. [5]

---

[4] Vgl. Sander, S. 331ff.

2.4 Phasen des Beratungsverlaufes

Die Personenzentrierte Beratung kann in ihrem Beratungsverlauf in fünf Phasen beschrieben werden und durchläuft ein typisches Interventionsmuster.

Die Basismerkmale Einfühlung, Akzeptanz und Kongruenz sollten allerdings bei der/dem Berater/in bereits schon voll ausgebildet sein und der zu beratenden Person von Anfang an entgegen gebracht werden.

Die fünf Phasen: [6]

1. „Phasenunabhängige Intervention zur generellen Förderung der Kommunikation und der beratenden Beziehung"[7]

   Hier wird die Verwirklichung des/der Beraters/Beraterin in seiner/ihrer empathischen, kongruenten und akzeptierenden Rolle angestrebt, bei denen er/sie sich in den entscheidenden Momenten einzubringen hat und die Beziehung zwischen Berater/in und ratsuchender Person nötigenfalls zu klären hat, wenn darüber Unklarheiten bestehen. Der/Die Berater/in muss sich auch im Klaren sein auf konfrontierende Vorgehensweisen zurückgreifen zu müssen, wenn dies angebracht erscheint und sich auf eine „Hier- und Jetzt- Situation"[8] einzulassen.

2. „Intervention zur Information und Orientierung"[9]

   Diese Phase umfasst mehrere Unterpunkte, wie die Informationsvermittlung zu den Sachaspekten der Problemsituation, Kenntnisse und Hinweise konkret vermittelt und Gefühle, Einstellungen und Erfahrungen gezielt gefördert werden müssen.

3. „Intervention auf Hinblick von Deutung und Klärung"[10]

   Hier sollen der ratsuchenden Person Perspektivwechsel angeboten werden, ihre Einstellungen, gemachten Erfahrungen und Verhaltensweisen hinterfragt werden und darauf geachtet werden, dass auch die eigenen Stärken dabei entdeckt werden. Weiter soll das soziale Umfeld differenziert wahrgenommen werden und die ratsuchende Person darin unterstützt werden neue, sinngebende Erfahrungen zu erleben.

---

[5] Vgl. Sander, S. 334.
[6] Sander, Personenzentrierte Beratung, S. 341.
[7] Ebda.
[8] S. 341.
[9] Ebda.
[10] Sander, Personenzentrierte Beratung, S. 341.

4. „Interventionen die auf die Entwicklung und Handlung und Bewältigung gerichtet sind"[11].

In dieser vorletzten Phase der Beratung werden Zukunftsprojektionen angeregt, zur Handlungsplanung ermutigt und Zielformulierungen ausgearbeitet. Im weiteren wird die ratsuchende Person zur selbstexplorativen Bearbeitung von Lösungsmöglichkeiten angeregt und mit ihr Strategien entwickelt, um besser zu ihren Zielen zu gelangen. Dabei wird u.a. auch auf Verhaltensübungen und Verhaltensmodifikationen studiert sowie Stressminderungstechniken näher betrachtet.

5. „Interventionen die sich auf die Begleitung der Handlung beziehen"[12]

Die letzte Phase beinhalten die eigentliche Durchführung und Begleitung des veränderten Verhaltens der ratsuchenden Person, indem sie weiter zu neuen Situationen und veränderten Erfahrungen ermutigt wird, dazu angehalten wird Hindernisse zu bewerten und auch ihre Erstbewertung zu ändern. Dieses neue Verhalten soll durch den/die Berater/in bekräftigt werden, was z.b. durch Rollenspiele der ratsuchenden Person zu vermitteln versucht wird.

3. Klientenbezogene Beratung

Wie bereits im Abschnitt 2 erwähnt gehört die klientenbezogene Beratung zur personenzentrierten Beratung und wird daher als eine Teildisziplin dieser angesehen, da sie ähnliche Ziele, wie das Herstellen der eigenen Handlungsfähigkeit, beinhalt. Dieses Konzept setzt gezielt bei der Person und ihrer Umwelt an und kann somit mit Sozialisationshilfen oder Aktivierungshilfen verglichen werden.

Anders als die personenzentrierte Beratung ist die klientenbezogene sowohl eine persönlichen Beratung, da sie sich direkt auf die ratsuchende Person eingeht, als auch eine soziale Beratung, da sie auch den sozialen Kontext des Klienten mit einschließt und beleuchtet.[13]

Das Ziel der klientenbezogenen Beratung ist es der ratsuchenden Person ihre Probleme bewusst zu machen und diese dazu zu bringen diese eigenverantwortlich zu bewältigen, in dem sie u.a. Alternativen finden und umsetzen. Da diese Beratung der personenzentrierten

---

[11] Ebda.
[12] Ebda.
[13] Vgl. Straumann, Klientenzentrierte Beratung, S. 642.

Beratung sehr ähnelt werden im Folgenden die Unterschiede dieser beiden Konzepte herausgearbeitet.

4. Die Unterschiede zwischen personenzentrierter und klientenbezogner Beratung

Wesentliche Unterschiede gibt es bei der Rolle des/der Beraters/Beraterin. Diese/r muss aktiv Verantwortung übernehmen und situativ eingreifen können und somit die momentane Lage des Klienten sofort verstehen und mögliche Folgen absehen können. Dies bedeutet, dass der/die Berater/in subjektiv geprägte Erlebens- und Deutungszusammensätze situativ erkennen und verstehen muss und des Weiteren differenzierte Vorgehensweisen für die jeweiligen Probleme der Klienten berücksichtigt muss. Dies kann sowohl bedeuten, dass der/die Berater/in z.b. gezielten Entmündigungsvorgängen entgegenwirken, das soziale Umfeld/ Kontakte stärken, ausbauen, etc., muss. Das aktive Eingreifen des/der Beraters/Beraterin ist somit ein wesentlicher Bestandteil der klientenbezogenen Beratung. Ein weiteres Merkmal ist, dass sowohl die negativen als auch positiven Aspekte von Lebensereignissen und Belastungsfaktoren dem Klienten dargelegt werden.

Da der/die Klientin in seinen persönlichen, sozialen und gesellschaftlichen Prozessen unterstützt werden soll, gehört es zu den Vorrausetzungen, dass diese auch offen für dieses gezielte Beratungskonzept sind. Dieser Beratungstyp kommt immer dann zum Einsatz, wenn Empfehlungen und Ratschläge nicht mehr vom Klienten aufgenommen wurden und Weisungen nicht befolgt wurden- also genau dann, wenn andere Aktivierungshilfen nicht mehr griffen und erfolglos oder wirkungslos blieben. Daher müssen Entwicklungen in der Beratung, die negativ gewertet werden müssen auch unbedingt angesprochen werden und dokumentiert werden.[14]

Allerdings muss hier wieder der/die Berater/in sich deutlich die Grenzen der Beratung vor Augen führen und beachten. Dies gilt beispielsweise bei Problemen, in denen dem/der Berater/in zu spezielles Fachwissen abgefordert wird, sei es Rechtslage, Medizin, etc. Tritt dieses ein, kann es letztlich auch dazu führen, dass der/die Berater/in den Vorschlag unterbreiten muss, den Klienten in eine psychotherapeutische Behandlung weiterzuleiten, welchem der/die Klient/in selbst zustimmen muss.[15]

---

[14] Vgl. Straumann, Klientenzentrierte Beratung S. 645.
[15] Ebda., S.646f.

5. Die Lösungsorientierte Beratung

Bei der lösungsorientierten Beratung stehen nicht die Probleme der ratsuchenden Person im Fokus der Beratung, sondern die positiven Bereiche und Lebensabschnitte. Es werden so nur die Bereiche der ratsuchenden Person näher beleuchtet, die funktionieren oder funktionieren könnten. Hierdurch soll die ratsuchende Person vorhandene Potenziale und Ressourcen erkennen und mit diesen später versuchen die vorhandenen Probleme lösen zu können.

5.1 Die Aufgaben des Beraters

Da bei der lösungsorientierten Beratung nicht die Probleme im Fokus der Beratung stehen, ist es Aufgabe des Beraters eine geeignete Methode zu finden, um die Problemlösung für die ratsuchende Person greifbar zu machen.

Anstellte der normal verfolgten Problemanalyse greift der/die Berater/in hier auf die Ressourcenanalyse zurück, die möglichst ausführlich und tief greifend sein sollte, um zur eigentlichen Lösungskonstruktion zu gelangen.

Das Problem der ratsuchenden Person wird im wesentlichen nicht behandelt, weshalb es möglich ist, dass der/die Berater/in es auch nicht unbedingt zu kennen braucht, da die ausschließliche Fokussierung auf der Problemlösung liegt und das eigentliche Problem somit unwichtig wird.[16]

5.2 „Die ‚Lösungs- Werkzeuge' in der Beratungspraxis"[17]

Um die ratsuchende Person erfolgreich zum Bewusstsein seiner/ihrer Ressourcen und neugierig auf die Zukunft und die damit verbundenen Möglichkeiten zu machen, haben sich drei Interventionstechniken, sogenannte Lösungswerkzeuge bewährt.

5.2.1 Fragen als Lösungs-Dietriche[18]

Pre-session-change-Frage: „Hat sich [seit dem ersten Anruf bei mir] auch bei Ihnen schon das ein oder andere seitdem verändert – oder ist gerade dabei sich zu verändern?"[19] Solche und ähnliche Fragen nach ersten positiven Veränderungen seit dem Entschluss in eine Beratung zu gehen, machen tatsächlich Sinn, da die Mehrzahl wirklich von ersten positiven Beobachtungen und Erlebnisse berichten kann. Dies ist

---

[16] Vgl. Bamberger, Lösungsorientierte Beratung, S. 739.
[17] Bamberger, Lösungsorientierte Beratung, S.740.
[18] Vgl. Bamberger, S.740f.
[19] Bamberger, S.741.

so zu erklären, das allein durch die Erwartung, dass Ihnen geholfen wird, bei den ratsuchenden sog. Self- fulfilling-prophecy- Prozesse in Gang gebracht werden, die positiv auf die Person wirken können.

Ausnahmefragen: „Gab es in den letzten Wochen irgendwann Zeiten, in denen Sie das Problem schon einmal weniger schlimm erlebt haben?"[20]
Diese Fragen zielen darauf hin, dass es kein Problem ohne Ausnahme gibt und es gilt diese Ausnahmen zu entdecken, da in ihnen die Information für das was hilft und was als Lösung in Betracht kommt, liegen könnte.

Hypothetische Fragen: „Stellen Sie sich vor. . ."[21]
Diese Frageart gehört zu den Joker- Fragen der Berater/innen und greift da, wo andere Ausnahmefragen nicht greifen, da der ratsuchenden Person nur Probleme einfallen. Hypothetische Fragen sollen der ratsuchenden Person Mut machen sich für den Zeitpunkt der problembelasteten Realität zu entziehen und sich z.B. auf ein Leben ohne Probleme, aber mit neuen Möglichkeiten zu konzentrieren.

Ressourcen Fragen: „ Was tun Sie dann, was Sie sonst nicht tun?"[22]
Diese Fragen greifen nach den zuvor vorgestellten Fragearten und dienen dem genauen nachhaken, da hier die Ressourcen zur Lösung aufgedeckt werden, die die ratsuchende Person durch ihr Tun, Sehen, Handeln, Denken und Fühlen, also die Ressourcen, wie Begabungen, Kenntnisse, Interessen etc., die für eine Lösung in Erwägung gezogen werden, wiederspiegelt.

5.2.2 Komplimente für den Klienten

Durch explizit formulierte Komplimente wie: „Es ist beeindruckend, wie Sie bei all den Schwierigkeiten doch immer die Kraft und Energie finden und ihre Vorhaben umsetzten."[23]
Als auch implizit, mit eher beiläufig eingestreuten Komplimenten, wie z.B. durch zentrale umformulierte Begrifflichkeiten (statt depressiv: still, zurückhaltend,...) werden die Ressourcen der ratsuchenden Person hervorgehoben und ins Bewusstsein gebracht.[24]

---

[20] Ebda.
[21] Ebda.
[22] Vgl. ebda.
[23] Vgl. Bamberger, S.742.
[24] Vgl. Bamberger, S. 742.

5.2.3 Vereinbarungen als Hausaufgaben

wird im Beratungssetting festgelegt, aber außerhalb des Beratungszimmers durch die ratsuchende Person bearbeitet und inkludiert die eigentliche Veränderung. In diesem Schritt sollen mit den zuvor identifizierten Ressourcen und Kompetenzen neue Lösungsverhalten erschaffen und direkt im Alltagshandeln umgesetzt werden. Dies wird anhand von Hausaufgaben vollzogen.

Auch hier gibt es unterschiedliche Beispiele für Aufgabentypen:

Beobachtungsaufgabe: Was funktioniert?

Vorhersagen: Prognosefragen stellen, z.b. durch: Wird der nächste Tag ein Problem- oder ein Lösungstag? Und was genau macht einen Lösungstag aus?

So-tun-als-ob Aufgabe: Die ratsuchende Person soll durch Münzwurf zwei Tage auswählen, an denen er/sie so tut als ob „das Wunder" bereits eingetreten sei und dabei die Reaktionen der anderen beobachten.

Der Joker-Auftrag: „Mach' was du willst, aber mach ander(e)s!"[25] Es geht darum etwas im Leben der ratsuchenden Person zu verändern, da das Problem seine Ursachen mit dem Lebenskontext und/oder den Interaktionen in diesem Kontext zu tun hat. Zur Lösung des Problems muss daher etwas geändert werden. Wird durch diese Aufgabe nun die momentane Situation gestört, kann dies einen Welleneffekt im System erzeugen und zu weitreichenden Veränderungen führen.[26]

5.3 Phasen des Beratungsverlaufes[27]

Die vorgestellten Phasen sollten nur als Leitfaden betrachtet werden, die lediglich zur Orientierung dienen, an die man sich aber als Berater/in nicht strikt halten muss.

5.3.1 Synchronisation: Gemeinsam etwas beginnen

Der Berater und der Klient müssen sowohl im physisch- räumlichen Sinne als auch psychisch aufeinander zugehen, um ein Miteinander herstellen zu können. Die ratsuchende Person schildert hier ihre Probleme, anstatt der zu helfen Person jedoch direkt eine Problem-Analyse zu offerieren, müssen die Berater/innen diese Phase nutzen, um dem Klienten zu zeigen, dass er wahrgenommen, akzeptiert und respektiert wird.

---

[25] Bamberger, S. 743.
[26] Vgl. ebda.
[27] Vgl. Bamberger, S. 744ff.

5.3.2 Lösungsvision: Vom Problem zum Nicht-Problem

Erst in dieser Phase ist der Berater dazu angehalten von diesem Problem zur Lösung zu lenken. Hier soll nun der/die Berater/in den Perspektivwechsel vom Problem zum Nicht-Problem anstreben, welches durch die bereits im Abschnitt 4.2 genannten Lösungswerkzeuge und Fragen eingeleitet werden kann.

5.3.3 Lösungsverschreibung: Von der Vision zum Tun

In dieser Phase können die zuvor beschriebenen Hausaufgaben vereinbart und aufgestellt werden. Es ist allerdings zu beachten, dass der Übergang von der Lösungsvision zum letztendlichen Tun ein Denkwechsel erfordert. Der ratsuchenden Person muss daher genügend Zeit für eine innere Umschaltung gegeben werden und sollte mit einer kurzen Pause des „In-sich-gehen" eingeleitet werden, um einen sanften Übergang zu schaffen.

5.3.4 Lösungsevaluation: Fokussierung der Verbesserungen

Dieser Schritt findet meist im zweiten, allenfalls letztem, Beratungsgespräch statt und fokussiert weiterhin das, was funktioniert. Hier sind wirklich alle Verbesserungen und Fortschritte wichtig und bedürfen der genauen Herausarbeitung durch den/die Berater/in. Eingeleitet wird direkt mit Fragen, wie z.B., „ Was hat sich seit unserem letzten Kontakt an Positivem verändert?"[28] und die positiven Veränderungen durch den Berater mit Komplimenten gelobt und nochmals hervorgehoben werden.

5.3.5 Das Ende der Beratung: Sich als Berater erfolgreich entbehrlich machen

Die lösungsorientierte Beratung steht unter dem „Prinzip der Minimalintervention" und ist so angedacht, dass die ratsuchende Person am Ende der Beratung selbst in der Lage sein sollte, selbst an den Lösungen weiterzuarbeiten. Weitere Hilfe anzubieten ist zwar möglich, sollte aber sobald die Ratsuchenden in Kontakt mit ihren eigenen Ressourcen gekommen sind bestenfalls von ihnen selbst ausgeschlagen werden. Dies gilt es allerdings mit geeigneten Abschlussfragen und dem letzten Anbieten von Hilfe zu klären

6. Fazit

Zu Anfang scheint es eher schwierig zwischen der personenzentrierten und der klientenbezogenen Beratung zu differenzieren, da sie sehr viele Ähnlichkeiten aufweisen.

---

[28] Bamberger, S. 746.

Letztlich ist doch festzuhalten, dass die klientenbezogene Beratung meist als letzter Ausweg genommen werden kann, um eine Person wieder handlungsfähig zu bekommen. Erkennt der/die Berater/in, dass die Beratung nicht hilft, oder gar die Grenzen der möglichen Hilfeleistung überschreitet, muss diese/r aktiv eingreifen und an geeignete Fachkräfte weiterleiten.

Die Lösungsorientierte Beratung ist einfacher von den anderen beiden Beratungen differenzierbar, da das wichtige Merkmal dieser Beratung das Finden einer Lösung ist. Es steht hier nicht das Problem im Fokus, sondern die Lösung. Zwar verfolgen die anderen beiden Beratungen ebenso die Lösung des Problems, beschäftigen sich jedoch zunächst mit dem Problem an sich und nicht zuerst konkret mit der Lösungsfindung.

Allen drei Beratungskonzepten liegt ein vertrauensvoller Umgang zwischen Berater und Klient zu grunde, mit dem zunächst gegeneinander Ängste abgebaut werden sollen und der Klient so besser in seiner Selbstwahrnehmung gestärkt werden soll, um ihn letztlich selbst dazu fähig zu machen, sich eigenständig mit seinen Problemen auseinander setzen zu können und auch zu lösen.

Hier werden Handlungs- und Lösungskompetenzen vermittelt, die vor allem hilfreich werden sollen, um selbst Probleme lösen zu können und nicht nur das akute Problem zu beseitigen. Es wird demnach Hilfe zur Selbsthilfe geleistet und entspricht auch dem allgemeinen Begriff der professionellen Beratung, wodurch diese Beratungen sich von den Alltagsberatungen abheben.

7. Literatur

Bamberger, Günter G.: Beratung unter lösungsorientierter Perspektive. In: Nestmann, F./ Engel, F./ Sieckendiek, U. (Hrsg.): Das Handbuch der Beratung. Ansätze, Methoden und Felder. Bd.2, 2. Aufl. , Tübingen: dgvt-Verlag, 2007, S. 737-748.

Nestmann, F./ Engel, F./ Sieckendiek, U.: „Beratung" – Ein Selbstverständnis in Bewegung. In: Nestmann, F./ Engel, F./ Sieckendiek, U. (Hrsg.): Das Handbuch der Beratung. Disziplinen und Zugänge. Bd.1, 2. Aufl. , Tübingen: dgvt-Verlag, 2007, S. 33-43.

Sander, Klaus: Personenzentrierte Beratung. In: Nestmann, F./ Engel, F./ Sieckendiek, U. (Hrsg.): Das Handbuch der Beratung. Disziplinen und Zugänge. Bd.1, 2. Aufl. , Tübingen: dgvt-Verlag, 2007, S. 331-344.

Sanders, Rudolf: Die Beziehung zwischen Ratsuchendem und Berater. In: Nestmann, F./ Engel, F./ Sieckendiek, U. (Hrsg.): Das Handbuch der Beratung. Ansätze, Methoden und Felder. Bd.2, 2. Aufl. , Tübingen: dgvt-Verlag, 2007, S. 797-807.

Straumann, Ursula E.: Klientenzentrierte Beratung. In: Nestmann, F./ Engel, F. Sieckendiek, U. (Hrsg.): Das Handbuch der Beratung. Ansätze, Methoden und Felder. Bd.2, 2. Aufl. , Tübingen: dgvt-Verlag, 2007, S. 641-654.